Proprietà riservata all'Autrice
© copyright Santina Folisi

ISBN 9788894149265

In prima di copertina:
Santina Folisi a Caronia

In quarta di copertina
Caronia - Paesaggio

Fotografie di Pino Grasso

Casa Editrice

Studio Byblos
Via Montepellegrino, 179
90142 Palermo
Tel. 091 5073349
studiobyblos@gmail.com

Stampa: novembre 2016

Santina Folisi

SOGNARE... A CARONIA

Casa Editrice

Studio Byblos
International Publishing House

*Tutto mi si può togliere, ma...
non il mio pensiero!"*

Santina Folisi

Santina Folisi premiata dal Presidente dell'Accademia
"Amici della Sapienza" *Teresa Rizzo*

PREFAZIONE

Questo è il mondo poetico in "Sognare ...a Caronia" di Santina Folisi, semplice e vitale nella sostanza dei contenuti, ricco di sentimento e vario di motivi; dove le persone, fino a poco tempo fa, usavano comportamenti antichi in paesini sempre soleggiati, profumati di mare e d'aromi campestri; dove la pioggia e il focolare acceso sono idillio familiare e, allo stesso tempo megaron della gente autentica, che ci narra oltretutto della Sicilia di un tempo, generosa e ospitale.

Dietro l'espressione caratteristica della sua poetica trapela la concezione fatalistica di ogni isolano, dettata da un destino che sovrasta su ogni cosa e porta in dono, essenzialmente l'Amore! Lo stesso amore, vero e spontaneo che sgorga dai suoi versi liberi e sciolti, e che attraverso lo "specchio" della Sicilia, si riflette e si diffonde ancora con la profonda sensibilità della sua anima.

L'editore **Dino Marasà**

PRESENTAZIONE

"*Sognare... a Caronia*" *è la silloge di poesie in cui la poetessa, Santina Folisi, definisce la sua espressività lirica, molto vicina ai modi formali del verismo e alle tecniche libere e attuali del nostro tempo. Nella varietà dei contenuti, il titolo appare indicativo del suo stato d'animo, ben disposto e aperto alla comunicazione, al dialogo, alla partecipazione, all' accoglienza affettiva e solidale.*
Infatti, la Cultura, intesa come naturale tendenza a percepire il mondo che la circonda, diventa per Lei scelta di un'esperienza umanamente viva e attiva, condizione esistenziale a supportare l'espansione naturale del sentimento e della mente, riconducibile a qualsiasi interpretazione dell'anima, rivelatrice di rapporti personali esistenti fra le cose, l'Uomo e l'Assoluto, e come tale autentica ed extraletteraria.
La sua poetica è intessuta da un substrato culturale ricco di motivi, temi e modi di un vissuto necessario alla genesi della scrittura e, soprattutto dei suoi versi. Versi che conferiscono espressività poetica e sincera a uno stile originale e significante. Versi che arrivano a liberare " i sogni" dai mali che affiggono la nostra società. Mali di cui la Folisi non si sottrae dall'accusa dolente di sapore amaro, anzi riesce a darsi una ragione, ammettendo con se stessa che i tempi sono cambiati. ("Un mondo speciale/ si affaccia/ ai miei occhi...ed esistono uomini/ di un solo colore... Riapro gli occhi/ e il bel mondo svanisce.") In effetti, vagheggia un esistere come conquista di Bene Comune, per cui la sua anima pretende e propone, soffre e gioisce, si ribella e si conforta, senza mai rinunciare ai sogni, che sono speranze e desideri, giammai vagheggiamenti astratti, o atteggiamenti psico-sociali d'ispirazione romantica. ("Una Terra/ dentro la terra/ incantata, amata, angosciata...I Nebrodi/ meravigliosamente /straordinari!").
... Con un ritmo stilistico-espressivo, a volte martellante ma incisivo, spesso ironico e pungente, svuota il bagaglio dei sentimenti più semplici e liricamente sereni che si aprono a spiragli di appassionate certezze. ("Povere orecchie/ Che istanti/ Che tensioni! Che mal di pance/ Mi entra quel suono... in fondo sai che non è finita!)" Inoltre,

ammette che, nonostante il benessere, l'Uomo, lentamente si sta distruggendo ("... gli occhi pennella/ di luce d'amore, vedrai...che bello sarà/ il dentro e il fuori"). *E nell'eco profondo di questo "richiamo" avvertiamo il fluire di una spiritualità creativa, che crede ancora al Bello dell'Esistenza per essere espressione lirica di fede, legata essenzialmente, anche alla salvezza di ogni bene della natura.* ("Sorridi alla vita quando ti fa /piangere..."). *Molti altri sono gli spunti interessanti di questa raccolta di versi* "Sognare ...a Caronia"! *Versi di una poetessa con un «curriculum» ben nutrito, da cui traluce l'ispirazione silenziosa di un'anima ricca di valori e di ideali.* ("So che cambiar/ in meglio/ il mondo/...io vorrei"). *L'amore, la gioia di vivere, il culto dell'amicizia, i ricordi, i sogni, i pensieri... sono facilmente rintracciabili sia in momenti dell'Io- strappato alla mera ragione che si presenta alla coscienza, sia in attimi dell'Io-Altro, strumento di memorie, di rivelazioni e di proponimenti.* ("Gioventù...E' l'età che germoglia... /Sono gli anni tuoi più belli.") *Tutta la rassegna poetica della Folisi, dal profilo logico e stilistico è legata da un filo conduttore di versi liberi e sciolti, tra assonanze dell'anima e la realtà, di cui la musicalità tra parola e voce intima, tra silenzio autobiografico e solitudine, diventa canto dell'Uomo di oggi, ricco di messaggi umani e spirituali. Un mondo lirico tuttavia, che va oltre gli affetti familiari, che rappresentativo di idee, si sazia di sentimenti personalissimi, come l'amore e la gioia di vivere in modo vero e coinvolgente. In esso, Lei interviene spesso impegnandosi con un'operazione "di pulizia letteraria e di ricerca", ricreando forme e contenuti sempre nuovi e più vicini alla sua esperienza di donna, interessata in toto al continuo cambiamento di tutti i giorni.*

Teresa Rizzo
Presidente-Rettore
Accademia Internazionale"Amici della Sapienza" *Onlus*

Il mondo espressivo di Santina Folisi

Testimonianze critiche di ...

Dalla lettura delle varie poesie con particolare riferimento a " I Nebrodi"e "Il Mare" si rispecchiano le tradizioni, le realtà di Caronia, che mettono in luce le bellezze naturali del nostro territorio "mare-monti" e le varie sfaccettature dei suoi abitanti. Emoziona la poesia dedicata al nostro amato Papa. Un grazie di cuore all'autrice per l'opera d'amore che lascia al nostro Paese.

Nino D'Onofrio Sindaco di Caronia

Nella tradizione ora e sempre viva del popolo caronese, vi è un cuore che palpita più degli altri: "Santina". Radici ben innestate nel solco di un continuo divenire. Questa poetessa ha saputo concretizzare al meglio il dono splendido e meraviglioso di chi sa "Sognare, Amare e donare". Voglio dire a tutti quanto è capace di far pensare mondi, lidi ed altro di bello che le sue emozioni, anche mie, sortiscono al cuore di chi legge. Desidero dire "Grazie" *per quello che ha dato all'animo mio e al popolo di cui lei è parte. Sempre avanti.*

don Antonio Cipriano
Arciprete Parrocchie Caronia e Marina - Diocesi di Patti.

Un intenso sforzo descrittivo dalle molteplici anime, c'è la cronaca con i suoi drammi, la natura con i suoi incomparabili scenari, la vita quotidiana con i suoi piccoli grandi tesori, racchiusi in uno scrigno che può essere aperto solo con una chiave, la poesia, dall'autrice offertaci con generoso, coinvolgente slancio.

Lino Morgante
Direttore Editoriale Gazzetta del Sud - Messina

Sono ormai trascorsi quasi tre anni dal mio arrivo a Caronia quale Comandante di Stazione Carabinieri, periodo durante il quale ho potuto conoscere tante persone così come il loro modo d'essere.
In questo mio personale percorso pochi mi hanno affascinato come Santina Folisi, persona dotata di fine intelletto e grande energia definiti da un profondo sentimento immenso di amore per il proprio paese, la sua Caronia, emozione che illumina chiunque abbia il piacere di parlare con lei. Questa è la mia immagine di Santina che si specchia, emotivamente, nel suo

commovente libro di poesie, nel quale la sagace capacità di affrontare i temi più variegati non è disgiunta, però, da quell'unico filo conduttore che è lei, l'autrice, nella sua più completa essenza di sentimenti e valori di cui l'attento lettore ne può cogliere solo i benevoli riflessi. E' per me un onore poter esprimere questo pensiero. Grazie Santina.

M.llo *Antonio Bucci* Comandante Stazione Carabinieri - Caronia

...Leggere un libro con accanto l'autrice e, durante la lettura, poter commentare i versi è stata un'occasione unica nel suo genere. La lettura abbinata al dialogo mi ha fatto conoscere l'animo di Santina; la poesia di una donna che ha voglia di aprirsi, di dialogare e di farsi conoscere. La poesia spazia dai ricordi giovanili, ai bei momenti di vita vissuta, alla vita di tutti i giorni, momenti felici, la famiglia il lavoro e il paese natio. Una poesia diversa, di facile lettura, le rime si alternato ad alto stile di scrittura originale. A Santina ho voluto dedicare con gioia questo mio breve pensiero. A lei auguro di allenare sempre il cuore e la mente, per restare aperta a ricevere e a dare quelle belle sensazioni poetiche che solo Lei sa trasmettere.

Domenico Interdonato Presidente UCSI Sicilia

La forza della mia amica Santina non è appartenere a una corrente poetica, a una scuola artistica, ma solamente a essere "se stessa" a farsi abbracciare e trascinare da sensazioni che, come invisibili onde l'attraversano continuamente , divenendo fonti d'ispirazione permanenti. Esse andando a percuotere la sensibilità della sua "anima", resa ancora più ricettiva dai luoghi dominati dalle bellezze del creato, ove Lei vive, si tramutano sollecitamente in versi, ora in vernacolo, la lingua dei nostri avi, ma anche in quella nazionale, quando vuole ampliare il messaggio a un mondo più vasto. Le fonti d'ispirazione arrivano da luoghi vicinissimi dal "genius loci" che non ha bisogno di allontanarsi molto. Vede e "dipinge" in versi il mondo circostante nella sua immensità e nella sua varietà. La cosa più insignificante, per la poetessa, diventa analisi, emersione dal subconscio, studio, versi provenienti dall'anima permeati di profonda verità, gioie e invito dedicato a guardare al passato, ai nostri valori di "gente del Sud", spesso calpestati, umiliati e degradati da una cultura che ci sta avviando su strade ripide e pericolose, senza più ritorno.

Salvatore Serio Storico locale

....La poetessa Santina Folisi con immagini di grande eleganza, frutto di una sentita ricerca del cuore, della sua emotività, del suo pathos che può essere letto "come diario dei sentimenti, "geografia del cuore" dove sequenze di

parole si fondono in evocazioni, emozioni, vibrazioni: ("Son Caronese/ figlia anch'io di storia passata/ Terra adorata. dove le radici...") *Santina Folisi: affascinante poetessa di questa terra di Sicilia, opera in questi luoghi che contengono ... "voci" di ieri e di oggi e su questa scia del vento di scirocco e di grecale che ancora canta antiche gesta di armi e di eroi; bellissima voce magno-greca, ci porge in un cestino di felci e di viole la gemma di questa raccolta poetico-letteraria "Sognare... a Caronia", la sua"terra" che restituisce l'infanzia, le voci, il passato, i silenzi che legano la memoria al sogno..."Parole-luce" che entrano in noi come un miracolo e a noi "fanno luce".* ("Le donne come me ... lottano per la giustizia contro i soprusi/ Le donne come me non hanno paura/ Le donne come me profumano di libertà") *e qui si incontrano "ethos e nostos": stupendo rapporto tra presente e passato dove la poesia diventa "Pane per gli eletti", "Poesia-Narrazione", "Poesia-Esperienza", "Arte del Dire".*

Bruna Filippone
Presidente "Accademia Bruniana Calabresi nel Mondo.

Il mio paese, quando avevamo nel cuore un presepe innestato nel sogno, quando negli occhi avevamo la terra e il vento, quando i nostri aquiloni volavano liberi sul cielo di zolfo! Orizzonte di ragazzi, nostalgia di fieno, grembo di desideri, dono di Qualcuno, parole d'amore che non si leggevano ma che si sentivano, romitaggio di preghiera per il lamento e la danza. Sì, il mio Paese, che amo. Così capisco l'amore di Santina Folisi per il suo paese, capisco la sua "visione" delle cose, dei sentimenti, la sua storia, la voglia di inventare un futuro, una cultura, il suo bisogno di bellezza, di poesia, di luce. ("Sognare... a Caronia") la Folisi sogna, spera, scrive. Non occorre essere Montale, Ungaretti, Luzi , per scrivere. Perciò, oltre i reticolati e il fango, ecco queste poesie, una finestra, un diritto che appartiene a tutti. Il diritto di frequentare radici, di percorrere tracciati, vicende di generazioni, la gioia di riappropriarci del territorio, del perduto, di dare orizzonte al sogno. ("Bellezza e luce/ del Creato riprendo/ e mi commuovo/del tuo tenero abbraccio"). *Così l'Autrice, il suo sogno in un mondo, come il nostro, intasato di materia, orfano di una Presenza. Poesie sincere, che si declinano con semplicità, senza presunzione. Folisi scrive quello che sente, e, poi, lei vanta una rilevante esperienza giornalistica, è capace di gridare al terrorismo, di dare concretezza, sangue alle notizie, all'esodo dei popoli,al mare che seppellisce i morti.*("I numeri.../ mi colpiscono tanto/ non una/ non dieci/ non cento/ ma migliaia/ e migliaia/ di gente/ adulta/ anziana/ e bambina/...un fiume in piena/ che scorre impetuoso") *"Scrivere" annota Claudio Magris, che della scrittura ha fatto un'arte, è trascrivere volti,*

eventi, figure, paesaggi. Sono le feritoie di queste pagine, che filtrano emozioni, come quelle che stanno dentro ai ("venditori ambulanti") *alla Sicilia normanna che celebra* ("il Castello", alla luna piena,"amica della notte"), *dentro alla imbecillità di* ("questo mondo che non capisce") *all'insignificanza dei tanti sentieri* ("effimeri, strani, stupidi"). *Di balzo in balzo, sono versi che trascrivono lamento e rivincita, fallimento e credito. È la sorte, la vita come una partita di pallone"* quella palla ("girata, rigirata, parata",) *quella partita dove mettere la festa, la danza, la gioia di esserci. La gioia di esserci, per colorare la vita* ("Tolgo prima quel nero/ della negatività/ quel grigio, poi,/ delle mie paure/ e rovescio su di essi/ un fusto di rosso/ per darmi l'energia vitale/ Un barile di verde/ nella speranza.../ di esser perseverante"). *La danza dei colori* ("Un oceano di giallo/ per riprendere/ l'armonia e l'equilibrio/ un cielo di bianco/ per darmi luminosità/ un fiume di azzurro/ per comunicare e creare/ e una montagna di arancione/ a cogliere l'armonia interiore"). *Un universo di entusiasmo,* ("arcobaleno") *di una legittima, giusta, componente di provocazione, di dissenso, bisogno di stabilire un rapporto felice con la vita, un patto nuziale con la storia, con il mondo. Sono le parole di Gandhi, impegno e monito sempre attuale per chi ama il futuro:* ("Prendi un raggio di sole fallo volare dove regna la notte").
Un raggio di sole, che auguro alla poesia di queste pagine.

Nino Barraco *Professore e Giornalista*

Caronia marina - Lungomare

Caronia - Ulivi monumentali

Ai miei cari
Al mio Paese
Ai miei Nebrodi
Alla mia Regione
Alla mia Italia
Al mio mondo

A Te
... i miei versi!

Caronia

A te, Caronia
dedico la mia poesia.
Una poesia
profonda e sincera
con tutto l'amore
che ho dentro il cuore.
Grazie, ti dico,
oh mio diletto paese!
Perché anch'io
son caronese,
figlia anch'io
di storia passata,
che oggi, con me
è ritornata,
domani con altri
è tramandata,
in questa terra
baciata dal sole
ove le radici
crescono da sole.
Una terra speciale
un paese ideale
ricco di case
molte non più abitate!
Con piazze, belle frazioni,
chiese, mare, campagne,
bei boschi d'alta montagna
e dentro ancora
altre ricchezze.
Fiera tu appari
col tuo Castello,
che metter ti fa…
finanche il cappello!
Aria fresca
tu mi doni la mattina
e sensazioni…
tra le più belle
e armoniose…
Il tuo profumo
di paesaggio,
il tuo essere immenso…
che gioia mi dai!
Un approdo sicuro
per gli abitanti,
un solo ricordo
per gli emigranti
lontani dalla loro terra,
in testa, in cuore,
sulla bocca…
Caronia è la filastrocca,
accontentandosi
di rivederla …
in ogni estate,
pur di non perderla
lungo le annate.
A tutti mostri
il tuo bel vestito…
A volte qualche
strappo ti sorprende!…
Ma tu…con eleganza
ti riprendi…
e se …di gente autentica

e coraggiosa ti circondi,
Caronia...!
Tu sei la stella!
Per me...la più bella...

L'Amore per il proprio Paese che sgorga dall'animo, nella sua essenza. Amarezza...per gli strappi...ma , Caronia è "la stella ...la più bella!

Poesia

Mi ero persa
ed ero alla ricerca
di me stessa!

Tanti i pensieri
nella mia mente!

La penna presi
e la mia passione,
uscir mi fece,
ad una, ad una
sui bianchi fogli …
le mie parole,
i primi versi,
le strofe in libertà,
unite ad arte
e con energia…

formato avevo
la mia Poesia!
Sentivo guarire …

l'anima mia!

Inebriata,
affascinata…
hai voluto
che il mio ingegno
parlasse di ciò
che al cuor non mente!

Nessun essere sensibile
alla vita che scorre,
sfuggir potrà
alla tua bellezza.

Una sbocciata primavera,
piena di fiori
belli e profumati,
Tu sei per me,
Poesia,
che rifiorire hai fatto…
l'ingiallito giardino
della vita mia!

La luce e la bellezza della Poesia che fa rifiorire gli "ingialliti giardini" di vita. Le parole, i ricordi, le emozioni, in versi! La Poesia arte e medicina dell'anima.

Il Castello

Gioisce, su in cima,
il bel Castello,
di Caronia...
fiore all'occhiello.
Gemma preziosa
di antichità...
che sfama con amore
tanta gente,
di storia, di cultura,
di arte e segreti puri.
Sorge, quasi, al centro
del paese e domina
col suo vasto
panorama,
la costa, l'abitato,
la foce del fiume
con i tre ponti...
stanco qualcuno...
dei troppi affronti!
E sullo sfondo,
boschi estesi,
che incanto!
Che gioia!
Le braccia protese!
Appena entri,
lo trovi elegante,
lo stemma nobiliare

e le tre pignatte,
a richiamar
i principi Pignatelli,
simbolo del Paese
e storici modelli.
Il palazzo, il giardino,
i muri di cinta
con le torri!
Uno splendore
la cappella
a tre navate!
Gioiello...tra le cinque
delle sette case reali.
La Sicilia normanna
c'è tutta quanta
nella civile abitazione,
curata dalla famiglia
Castro con amore,
che apre le porte
del prezioso "tesoro",
a chi raccontar
nel tempo vuole...
la sua storia
i suoi silenzi
le sue emozioni
il suo fascino...

L'amore per il Castello di Caronia, versi di storia, di paesaggio, di emozione...Architettura e fascino!

Addio Scuola...

Si vede,
si sente nell'aria…
La scuola non c'è più!
Non più frugoletti
dai colorati cestini
dalle suore ogni mattina.

In quella casa,
profumata d'amore
molte generazioni
di bambini,
in quasi settant'anni
spetalavano…
i bei giorni dei tanti!

Dolcezza, bontà,
bellezza, essenzialità…
per le infantili incertezze!
Ogni momento…
di vita quotidiana,
veniva ricordato

con fare cristiano.
La gioia, il bene,
il rispetto, l'educazione,
il calore…
in quella casa c'era!

Adesso solo ricordi,
uno sull'altro…

Scorrono visini
scorrono sorrisi
scorrono pianti di bimbi.
Scorrono poesie!

Scorrono canzoncine.
Scorre il lavoro
e l'allegria.

Nel girotondo …
del tempo che fu.

Versi in occasione della chiusura della Scuola dell'Infanzia "Rosalba Contino" gestita dalla congregazione delle Suore di Santa Dorotea (anno scol. 2015-2016), la gioia, la tristezza… i ricordi nel cuore!

Elogio all'olivo

Nell'autunno che viene,
fan festa gli uliveti,
e il nuovo frutto...
di olio fa riempir
le belle giare.
   Ti ringrazio Natura
per il bene concesso
dagli usi assai diversi:
sott'olio, in salamoia...
che squisitezza...
Grazie... olivo benedetto!
Altre sue qualità
albero monumentale,
a mostrar le sue beltà
e...nel corso dei millenni,
simbolo di pace
e di spiritualità.
   Vedo le olive...
appese e some
racchiuse
in argentee chiome,
che pian piano...
a maturazione...

cambian colore!
Un po' gialle,
violacee e nere ...
quante le tinte
di pittura e semi!
   Da terra, da reti,
con pettini raccolte,
pulite dai rami
e dalle foglie...
a macinar...
È un'emozione
per gli sfiziosi...
veder venire fuori
il liquido prezioso!
   Il colore giallo
come l'oro,
il profumo, il sapore ...
dolce e delicato
subito gustato!
   Con il pane caldo,
é il primo assaggio.
Che dolce bontà...
All'arrembaggio!

La raccolta delle olive è grande festa autunnale. Dono dell'olivo e spettacolo della Natura! Storia, religiosità, profumo, emozione...bontà...sul pane caldo! Versi che raccontano...

Venditori ambulanti

Vuoi conoscere…
i venditori ambulanti
quelle persone …
dal molto carburante?
Li trovi in ogni angolo
del tuo paese,
nelle piazze
e nelle strade principali,
ma anche nelle viuzze...
più ridotte che cercano
di guadagnarsi la pagnotta!

« *'A persica bedda haiu…*
Chi bedda uva haiu…!
I patati novi haiu '
A cincu euru 'na cassetta.
I pira, i puma, i banani…
a montagnola haiu frisca,
persichella».

Grida cantilenando
più di uno sperando che la
sua frutta
compri qualcuno.

Intanto un'altra voce
si fa avanti…
«*Forza chi pesciolini!*
Forza chi pescioloni!
Accattativilli!»

ed è tanta la sua
insistenza…
che vende alla gente…
senza resistenza.

«*Donne avvicinatevi*
Vi dò un mocio, una scopa,
un asciugamano
e un grembiule in regalo al
prezzo di cinque euro, dico
cinque euro»

Ammalia la casalinga
tale offerta,
che non esita a comprar
anche se incerta.

Ed ancora l'arrotino,
il riparatore di cucine
che lungo le vie cittadine
canta la sua canzoncina:

«*a domicilio signore,*
ripariamo cucine a gas,
fornelli a gas»,

dando alla gente
l'assistenza, per come
di conseguenza.

Anche le scritte
sui furgoni,
son portatrici di attenzioni....

«*La tua invidia è la mia
fortuna-Agli e corna*» ...

e propiziarsi
la buona sorte,
mentre la gente
sorridendo,
la considera
roba d'altri tempi.

Forte d'estate
nell'ora della siesta quella
certa musichetta
che subito... ti desta: Lalala
lalala lalala, lalala lala lalala
lala.

É Papillon
con i suoi gelati,

che correre fa
la gente dai lati.

Ora che nel silenzio
sono immersa...
sento un risuonare
alle mie orecchie.

Sono gli stornelli
dei tanti ambulanti,
che a Caronia
sento, conosco
e che mi stanno ...
davanti!

Scorci di vita quotidiana caronese attraverso il viaggio con i "Venditori ambulanti": le loro voci, i loro prodotti, i loro affari, il loro entusiasmo danno tipicità vitale al paese, e la gente apprezza molto la loro presenza.

Lo scuolabus infuriato

    Ricordo Caronia,
alle prese…
di strana mania…
forse…coincidenza,
ma succedeva…
con molta frequenza.
    Come calamita
che attirava,
contro di te, scuolabus,
cospirava!
Ti riservava…
brutte sorprese
e ti portava…
a lunghe attese.
    Un forte e assordante
suon di clacson
preannunciava,
e poi…
con più insistenza,
sopraggiungeva.
    Povere orecchie!
Che istanti!
Che tensione!
Che mal di pance!
Mi entrava quel suono…
fino a farmi
scoppiare la testa!
    Qualche macchina,
fuori posto,
tentava l'arresto
della tua corsa!
    Arrabbiato
della situazione,
richiedevi aiuto
con agitazione,
ed era l'allerta generale
nelle due piazze
principali!
    Che baccano,
che confusione!
Si era bloccata
la circolazione.
    Quasi mai nessun
sul posto…
il traffico a controllar…
e riportare la normalità.
    E quando…
tu la corsa riprendevi…
speravi che la cosa
fosse capita…
    In fondo lo sapevi…
che non era finita!

Nei versi…il racconto di una "Giornata infelice" dello Scuolabus locale.

I Nebrodi

Una Terra
dentro la terra,
incantata, amata,
angosciata.
Se vai via...ti manca.
Se ci sei...soffri
nel vederla soffrire!

"Un'Isola nell'isola"
come gli Arabi la videro,
baciata dalle acque...

Il suo paesaggio...
naturale a donarti
emozioni sconvolgenti!

I verdeggianti boschi,
i pascoli, i laghi,
i torrenti...

Percorsi di storia
e di suggestiva arte,
di fauna, di flora,
di altre bellezze
e tradizioni...

Gustar ti fanno...
sapere, sapori
e beni di terra!

Un continuo offrire...
senza chiederti nulla,
solo l'attenta opera
di Te, o Uomo,
e l' amore ...
per la salvaguardia
del suo territorio.

I Nebrodi.
Meravigliosamente...
Straordinari!

Il canto della bellezza dei luoghi, della cultura, della flora, della fauna, dei sapori e della tutela del territorio dei Nebrodi. Sempre "meravigliosamente ... straordinari!

Preghiera dei migranti

O Gesù,
son qui…a pregarti…
per i fratelli Pakistani,
Siriani, Afghani, Somali…
e tutti gli altri,
che si allontanano
dalla guerra,
dagli stupri,
dalle violenze,
di cui è martoriata
la loro terra.

Quante… le tristi
immagini inviate!
Di sbarchi…
di molti rifugiati…
che poveri e disperati
le acque attraversano
del nostro mare,
in cerca di vita,
di dignità…
di attese amare!

I numeri…
mi colpiscono tanto!
Non una, non dieci,
non cento, ma migliaia
e migliaia di gente:
adulta, anziana, bambina,
che ogni giorno
oltrepassa i confini!

Un fiume in piena
che scorre impetuoso,
a volte … lasciando
per sempre a giacere,
i molti altri…
coraggiosi fratelli,
prima ammucchiati
nei barconi viaggianti.

Per la tragedia
così immane…
cosa ti chiedo io,
piccolo uomo?

Tu che conosci
la gente del mondo…
Tu che passasti
le pene del male…

Guarda e proteggi
questi nostri fratelli
e aiutali a rimanere
nell'amata loro terra!

Ti prego, ferma
l'inarrestabile emergenza
che alimenta
pregiudizio e diffidenza,
pur accogliendo
le ondate di gente
nei vari paesi

del continente.
Illumina le menti
ai governanti
e fa che cuor nuovo,
in loro, sia nascente
nel cercare la lotta
in altra guerra,
di amore, di pace,
di fratellanza e di terra.
Grazie Gesù,
se ascolti la mia preghiera.
Rimetto a te
questo grande dolore!

L'implorazione di aiuto divino nei versi per la triste condizione dei migranti e per dare "luce" alle menti dei governanti affinché promuovano la pace tra i loro popoli.

Preghiera

Tu sei, preghiera,
il profondo respiro
dell'anima mia.

Sublime strumento di amicizia
e linguaggio d'amore,
che in Te, o Dio,
mi fa abbandonare.

Con sussulto nel cuore
ti cerco di giorno,
di notte, quando io posso,
e nella mia piccolezza...
ti dono... quello che ho.

Umiltà
Misericordia
Amore

E lentamente,
sul mio viso ...
lo sfiorare
di dolce carezza .

La preghiera rifugio religioso quotidiano…, nei versi il sincero legame con Dio.

Il Palloncino

Un bimbo contento,
teneva legato
ad un filo,
tra le sue dita
un colorato palloncino.
Lo lanciava nell'aria
e a lui ritornava!
E rideva...rideva!

Fu felice quel bimbo
per quel palloncino...
svanito nel cielo!
E pensare,
che era solo ...
un colorato Palloncino!

All'improvviso...
il palloncino lo lasciò
in alto volò
sempre più sù
fino a sparire...
a non vedersi più!

Era il suo tenero
e grande sorriso,
per quegli Angeli
di Paradiso,
che giocar volevano
con i fratelli di Terra!

Nei versi ... la tenerezza di un bimbo al gioco ... con gli Angeli del Paradiso!

A Papa Francesco

Mi è dolce ricordare l'emozione…
del suo primo "Buonasera!"

Confidenziale, affettuosa,
armoniosa la voce
accolta in casa dalla tivù…
che posto lasciò
allo stupore dell'incontro!

Il mondo intero
aspettava l'Uomo,
dalla parola…
degli uomini di strada!
Che insegnasse a riflettere,
meditare e pregare.

I suoi gesti di dolcezza
verso gli scartati,
i deboli, gli indifesi,
i differenziati.

I suoi pensieri importanti…
stravolto hanno il cuore
e le menti di tanti!

La forza della sua dottrina,
nello scoraggiare
quel potere che non porta
a far del bene,
per affermare quello vero,
di Gesù servire,

nell'umiltà, nella gratuità
e nella Verità.

Senza troppo rumore!
Silenziosamente...

Il fascino dell'Uomo-Papa. Nella poesia... la sua semplicità e silenziosità ... di comunicare la Parola e la Verità al mondo!

La Via della Misericordia

Guardami!
Sono nato anch'io …
da una mamma come te.

Guardami!
Sono nato anch'io…
libero come te.

Guardami!
Sono nato anch'io…
con la stessa tua dignità.

Guardami!
Sono nato anch'io…
con gli stessi diritti che hai tu !

E…allora?
Siamo uguali!
Siamo fratelli.

Figli tutti
di questo mondo
che soffre l'ingiustizia,
la povertà, il dolore

e altro…tanto altro!

Dove?!... La ragione,
la coscienza,
il sano agire degli uni
verso gli altri…
La fratellanza?!

Nutriamoci del cibo
dell'Amore…
e camminiamo
nella Via della Misericordia!

Grazia, pietà, perdono,
dialogo tra tutte le genti
di razza, credo,
colore, sesso
e lingua diversi.

E finalmente…
nel mondo che attende
il sogno più bello.
La danza di pace…
tra fratelli!

Unica "strada" di salvezza per l'Uomo. Nei versi… il desiderio di danza e di pace tra fratelli nell'Anno Giubilare della Misericordia.

Per non...dimenticare

Cercavo quel mondo
che non riconoscevo più.
Quando all'improvviso,
mi persi dentro...
Non ebbi paura,
ma con coraggio,
cominciai ad alzare
il mio sguardo
e delle bellezze del Creato
feci baluardo!

Ben poco durò,
di lacrime i miei occhi
riempii e un'amara
sensazione mi assalì!

Non riconoscevo
quel mondo di pace,
anche se mai,
forse c'è stato!

E non era nemmeno
il mondo sognato,
fatto di amor, fratellanza
e pace abbondato!

Vidi che esso,
nel suo silenzio,
grande sofferenza
si portava dentro!

Tanti i problemi,
tanti i malanni
che giorno dopo giorno
gli procuravano affanni!

I molti e i frequenti
conflitti, una parte di esso
avevan trafitto.
Le stragi continue e il forte
terrore, spazzavano via
ogni umano valore,
ogni bene supremo,
la libertà e la ricerca
naturale di felicità.

Sento che piange
e prova forte dolore,
per la vita strappata
a quei figli migliori,
in quel vile
e atroce attentato,
che vittime fece
valorosi di Stato.
Lacrime, lacrime...
Quante le lacrime versate!
Fiumi pieni di generosità
dedizione e libertà!

Eppure...
era una missione di pace!

Difesa con amore Nassyria,
curar stava di guerra
la sua malattia!

Vivranno sempre
nei nostri cuori…
i dodici carabinieri,
i cinque soldati,
i due civili italiani
e chi per la guerra …
giace sotto terra.

A loro…il "Grazie Infinito"
per gli spazi amorosi costruiti
in quella terra inaridita…
dove…altri fratelli lottano,
per essere uniti.

Nei versi, il ricordo dell'attentato di Nassyria

L'Amore speciale

Esiste un Amore,
molto speciale,
che delle volte...
si deve anche imparare.

La sua origine
è molto antica
e la sua pratica
sempre attuale.
Tanto altruismo
e dedizione
al servizio
di molte persone.

Chi possiede
l'amore speciale
in tutti i luoghi
lo fa germogliare,
nella famiglia,
punto centrale,
di relazioni
e di forti legami.

Prima tra genitori
e figli, e da questi,
ad altri figli, e poi...
via via ancora...
rispetto, gioia,
pace, scambiarsi,
senza pungolarsi.

Anche in Patria,
bene supremo,
l'Amore speciale
nulla teme.

Agisce con dignità
e decisione,
dentro e fuori
la propria nazione,
afflitta...
da forti tensioni,
che popolo e terra
portano a distruzione.

Alto servizio
rende con letizia,
per la difesa
di pace e giustizia,
la salvaguardia
di questo...
o quel territorio,
che non conosce
ancora l'Amore.

Anche a prezzo
della giovane
e adulta vita,
quando in campo,
nel mare, in cielo,
in carcere,

e in quella terra…
di fratellanza appassita,
la morte incontra
e più non ritorna.

A Nassyria,
un solo sguardo
per ricordare
gli uomini eroi,
che caddero vittime
del vile attentato.

Nei nostri pensieri
resteranno sempre,
quegli Uomini soli
quegli Uomini veri
quegli Uomini forti
che sono morti!

Ancora … ricordando…l'attentato A Nassyria.

Il Giuramento dei soldati

Eran tanti
i giovani soldati
dai teneri volti,
d'età scolpiti.

Diciotto gli anni...
o forse poco più,
schierati quel giorno
nell'aperto piazzale.

fedeltà e amore...
La "promessa" alla Nazione!

Ovunque...
Nel Giuramento
dei soldati...
Brividi ed emozioni!

Nel rigoroso silenzio
del momento,
con autorità militari,
civili e religiose,
famiglie, amici presenti,
il loro grido
alto si levava,
"Lo Giuro",
tutti insieme
hanno detto,
con entusiasmo nel petto.

Intonando il canto
dell'Inno di Mameli,
che unisce gli Italiani
sotto la Bandiera

Il Giuramento dei Soldati. Nella poesia emozioni Nazionali!

Piange Parigi

Non ho visto
in faccia l'orrore.
Solo racconti,
immagini televisive,
devastanti!

E tanto sapore di atrocità
nei cuori, nell'aria,
in ogni dove.

Triste Parigi,
nella più buia
delle sue notti!

Colpita a lutto,
la storia della Francia,
dell'Europa, del Mondo!

Vite strappate,
sorrisi spezzati,
sogni infranti,
di tanti Innocenti…
che colpa avevano
del "niente"!

Si piange
l'intenso dolore…
Si cerca qualcosa…
"Un Perché"?
Forse…lontano…
Chissà…
se vicino è!

Nel dialogo che non c'è,
nell'amore che manca!

Nella forza brutale
dell'odio e del male
che vuol prevalere
in questo mondo…
angustiato,
che non capisce…
il bisogno di pace!

(In occasione della strage di Parigi - 13 Novembre 2015). L'orrore del male, il dramma del terrorismo, il grido al mondo sulla necessità di capire il "Bisogno di Pace" tra i popoli.

Il Piccolo Mostro

Il cellulare…
che piccolo mostro!
Ci ha proprio stregati!

Il nostro fare
di colpo ha stravolto,
vite e passato
di un mondo lontano,
dove le parole
all'uscita di bocca,
raggiungevan l'altro
e lo guardavi negli occhi!

Non più discorsi
come ai vecchi tempi!
Non più fiabe,
filastrocche e racconti
che mamme e nonne
mettevano in conto.

Niente più scambio
di relazioni affettive,
ma solo fredde
comunicazioni attive.

È giusto…
che la società avanzi
e la tecnologia…
faccia il suo corso
per migliorar la vita
all'uomo!

Impegnandosi
a mantenere
le cose belle
d'altri tempi,
che insegnavano
a vivere umanamente.

Un dito trascinante,
per telefonare,
messaggiare,
chattare
nei social preferiti.

Ti portano ovunque,
lontano, lontano
e guardati accanto …
Dov'è finito l'altro?!

Canto al giusto uso del cellulare…non perdere il contatto umano!

La partita di pallone

È iniziata…
per la strada,
tra amici…
poi sui campi,
grazie ad una
sfera tonda
che spingevi
coi piedi in avanti,
fino a cercare
lo spazio per la rete…
E lì, il mondo intero,
vedevi.

L'hai girata, rigirata,
parata…la palla.
Le partite più belle
giocate con passione!
Stanchi cuori, conquistati
dal suo gioco!

Emozioni,
esplosioni di gioia…
per i goals segnati
dalla squadra amata!

Spettacolo
divertimento
fenomeno sociale
con tutti i suoi risvolti,
che piace, piace…
a molti!

*Nei versi la storia della partita di pallone…Il calcio che affascina
…La palla della vita…"girata, rigirata, parata!" che unisce tutti.*

Le donne come me

Le donne come me...
non son sole,
anche se sono sole!

Le donne come me...
stranamente...
fanno paura,
sono allontanate!

Le donne come me...
non sanno strisciare,
chiedono il giusto!

Le donne come me...
non dipendono dagli altri,
riflettere vogliono
di luce propria!

Le donne come me...
non hanno paura
della vita, del lavoro,
dei dolori...li affrontano!

Le donne come me...
hanno incontrato
uomini veri...
e sanno credere!

Le donne come me...
sono belle,
sono coraggiose,
sanno amare,
sanno vivere
e profumano...
di Libertà.

Le donne come me...
lottano per la giustizia,
contro soprusi, violenze!

Le donne come me...
sono come il boomerang,
più le lanci lontano,
più ritornano in gioco!

Nei versi...la figura della donna sola che non è sola grazie ai molti valori che le fanno compagnia! Bellezza, coraggio, amore, libertà per sé e per gli altri.

Andar ... controcorrente

Coraggio
di esser se stessi
in ogni istante.
Spogli dell'angoscia
del fascino illusorio,
della società apparente.

Credere
in qualcosa.
Sostenere le proprie idee,
senza doversi ...
conformare all'esistente.

Nella diversità ...
la forza di spaziare
nel giusto e nella libertà.

Dal cuore ... un gesto,
una frase, una decisa azione
con semplicità, umiltà,
disponibilità ...

E mi accorgo,
d' andare ...
Controcorrente.

Coraggio di essere se stessi per non essere travolti dal fiume in piena della società globalizzata, intessuta di problemi che assillano la nostra quotidianità, e dell'Andare controcorrente.

Politica vera

Arte di amministrar
la cosa di tutti,
l'uomo attrae
e di politica si vanta.

Capacità umane,
strategia, economia, retorica...
cosa fare e non fare?

E lì, vien fuori la sua natura.
Sarà amore per la democrazia?

O troppi sapienti,
falsi, arroganti e opportunisti
che spazio non danno
agli intelligenti, onesti
che voglion far ...chiarezza!

Col tempo,
quando non sarà
più una chimera,
forse... la politica vera!

Nei versi...ancora il sogno di una politica vera!

E ... ci sei ...

Vedo la tua dolce presenza,
ma Tu, non ci sei!

Sento la tua armoniosa voce,
ma Tu, non ci sei!

Vedo il tuo delizioso sorriso,
ma Tu, non ci sei!

Vedo il tuo angelico sguardo,
ma Tu, non ci sei!

Sento il tuo immenso amore,
ma Tu, non ci sei!

Sento tanta voglia di te,
ma Tu, non ci sei!

Sento l'inconfondibile
profumo di te, mamma,
Tu, in me, ci sei sempre!

Indissolubile il legame con la mamma. A Lei i versi, la sua presenza nei ricordi, nei pensieri, nel profumo che la fa "esserci sempre" nella vita dell'autrice.

A Te

A Te,
che in cielo...
sei dovuta andare,
dal buio e dalla pioggia
accompagnata...
in quella triste
e tragica serata!

A Te,
che non hai dato
il tempo di pensare,
come si potrà scordare?!
Lasciasti tutti attoniti,
sperduti e increduli
per l'assurda
tua scomparsa
quando tutto intorno...
era una farsa
e creder si voleva...
che saresti apparsa!

A Te,
che a casa
non ritornasti...
abbandonando

il caldo focolare,
le fatiche dei tuoi giorni
le grigie nuvolette...
che spazzavi via...
liberando allegria
e inventandoti...
compagnie!

A Te,
la mia preghiera...

A Te,
il mio ricordo!

Nei versi dedicati alla cognata Caterina, tragicamente e assurdamente scomparsa durante il servizio, il pensiero, il ricordo...

A mio padre

Ti penso…
è dolce il tuo ricordo!
La passeggiata…
della mia giornata.

Cammino,
mi soffermo
ti guardo
ti parlo
ti ascolto
ti sento.

Bello,
deciso
coraggioso
amabile
affettuoso
adorabile…
Sei tu.

Mi sorridi,
mi abbracci
mi incoraggi.

È grande,
la mia felicità!

So che da lassù…
tu mi proteggi.

Grazie, papà!

Versi dolci dedicati al papà. Ricordi, affetti grandi...da lassù.

Dignità

La dignità
non si compra al mercato,
o nei grossi magazzini.
È dentro di te!

Quando non scendi
a compromessi,
quando puoi andare a testa alta,
quando, anche assapori le sconfitte
nelle battaglie di vita.

Non te la portano via!

Dal tuo cuore è nata,
nel tuo cuore sorridente vive,
assieme ad altre virtù,
che fanno di te, grande...
l'essere Uomo!

*Il componimento dedicato al valore della dignità...
che assieme alle altre virtù, rendono grande l'Uomo.*

Vecchio uomo

La pelle rugosa,
libro aperto
della tua vita
e di passati sogni.

Scricchiolare di ossa,
che segnano la tua fragilità,
"Vecchio Uomo".

Traballante, rimbambito
stanco e indifeso.
Tu, che hai camminato tanto !

Tu, che affetto hai dato
in ogni tempo!

Incrocio i tuoi piccoli
e smarriti occhi.
Grande emozione sento nel cuore.

Tenerezza,soffia in me,
 quel debole vento…di brezza!

Ricordo passato,emozionante di un uomo, ormai vecchio e stanco….
Una soffusa tenerezza affiora dai versi.

Gioventù

È l'acqua speciale
che tutti beviamo,
chi prima, chi dopo...
una fase di vita.

L'età fiorita
che germoglia,
come un fiore baciato
all'alba dal sole,
vestita dei colori
più belli e splendenti,
che illuminano...
il sentiero che prendi.

È l'età delle sciocchezze,
delle frivolezze,
nel tempo
delle ricchezze!

Dei sogni, degli amori,
delle dolcezze, della sfida
agli avvenimenti di vita!

Della gioia al suo gioco
divertente, amorevole...
qualche volta, doloroso

per l'influsso contrario
di grigie nuvolette.

Non preoccuparti!
Lascialo andare...
la gioia e il sorriso
ti ridarà.

Sono gli anni tuoi più belli!
Stupisciti, meravigliati.
Ama in libertà,
non solo quando
essa ti appartiene.

Nel tempo che avanza
vedrai, ti sarà accanto,
per regalarti ancora
nuove stagioni,
segnate da tante altre...
Emozioni!

La danza della gioventù. Nella sua stagione di vita e in altri tempi dell'Uomo. Nei versi il segno di tante...Emozioni!

Chiacchierata con la pioggia

È bello sentire la pioggia
cadere dal cielo!
Col suo quieto andare…
lieve e poi forte,
e par che bisbiglia
"Su dai! È il momento
di cambiare, l'autunno…
sta per arrivare".

Ti guardo,
amica mia sincera
dalla finestra
del mio ufficio…
ritaglio di stanza,
piena di vita,
ma senza vita!

Bellezza e luce
del Creato riprendo
e mi commuove, pioggia,
il tuo tenero abbraccio
scambiato con l'albero
che ho qui di faccia!
Restiamo in silenzio…
a guardarci…

Chissà, quante "cose"
vorremmo dirci!

La vita, il lavoro,
gli affanni…
Non mi rispondi.
Tranquilla te ne vai
per la tua strada…
Smettendo e riprendendo
il tuo andare.

All'improvviso…
il tuo sorriso.
Ci sei,
ci siamo già capite!

A bassa voce,
mi stai sussurrando:
"Amica mia,
oggi ti bagno,
ma domani,
il sole sarà…
il tuo compagno!

Un temporale! Colloquio con la pioggia. Nella poesia…
Sensazioni ed emozioni…

Quando è amore

Quando l'altro...
non mi guarda,
non mi parla,
mi riempie di falsità
nascondendosi
nella finta apparenza.

Quando riconosco
la sua meschinità,
cattiveria, invidia,
rabbia, rancore.

Quando la voglia
di comportarmi
allo stesso modo,
mi assale, mi turba,
mi fa paura.

Ecco... aspetterei!
Sarò piccola goccia
del grande oceano
che scava le rocce!

Prima o poi...l'infame
mostrerà il suo sguardo,
il suo sorriso,
il suo nascosto
calore umano.

E... sarà amore!
Sentirò la gioia...
di esistere.

Nei versi...scoprire l'amore...senza ferire l'altro. La pazienza, il calore umano, l'amore e, finalmente... la gioia di esistere!

Ingratitudine e rispetto

Mi accorgo nel tempo,
che il mio amore
il mio affetto,
il bene dato agli altri,
d'un tratto...
non è servito a niente!

Addirittura...non c'è mai stato.

Che ingratitudine!

Tutto passato,
tutto dimenticato
solo gelosia,
che stupida follia!
Eppur... silenziosa vado
per la mia strada,
felice della vita
che Dio mi ha dato,
l'amore, le amarezze,
le bellezze del Creato.

E son sicura...
che nella dritta via
Lui mi guiderà.

*Non scoraggiarsi...di fronte all'ingratitudine umana, alla mancanza di rispetto... Continuare a camminare nel giusto e nel bene...
Il Signore è la guida sicura.*

L'amicizia

L'amicizia è...
volersi bene.

L'amicizia è...
incontrarsi.

L'amicizia è...
scontrarsi.

L'amicizia è...
aiutarsi.

L'amicizia è...
rispetto.

L'amicizia è...
un semplice sorriso.

L'amicizia è...
aprire il cuore.

L'amicizia è...
non distruggere...l'Altro!

Nella semplicità del vivere...l'Amicizia

Solitudine

Quando la voglia
di solitudine
mi accarezza,
la prendo gioiosa
e con tenerezza.
È me che vuole
e non altra gente.

A me vuole donare
la sua ricchezza,
nel mio buio
mondo mi conduce,
e d'un tratto, s'accende
una grande luce!

Ad una ad una,
le mie cose afferro,
per rinnovare i miei sogni,,,,
i miei affetti
le mie passioni.
Umane bramosie!

E come il fiume
che scorre dolcemente…

Ecco, la vita
m' appare più bella.

Meglio …
la meravigliosa solitudine
che …l'insignificante
compagnia!

Nel componimento, la voglia di solitudine. Coraggio di stare da soli con se stessi, per permettere ai pensieri di prendere forma. Rinnovare sogni, affetti e passioni…

Pensieri

Piccole nuvole,
graziosi sogni
grandi gioie,
angosce del mio giorno.

Punti di luce,
che mi rincorrono
ovunque…

Io e i miei Pensieri.

…Soli.

Nel serbato sentiero…
di mia vita.

Pensieri, forza gigantesca che controlla la vita, infinità di pensieri sempre con te…, in poesia!

Sognare

Quotidianità!

Continuo affannarsi
"per cose"
in ogni istante
della giornata!

Bella, a volte,
o dai petali inquietanti
altre volte.

Non puoi rubarmi i sogni!

Fanno parte di me…

Amo sognare.

Quante immagini,
quanti pensieri
quante idee
quante carezze
e dolci melodie
nei miei sogni!

In essi la forza
il tormento,

l'energia
e la speranza
per sfogliare
quei petali inquietanti.

E ancora…Sognare!

Immagini, pensieri, melodie, voci, sensazioni del vivere quotidiano..
Non farsi rubare i sogni!

Gli amori

Gli amori...
vanno e vengono.

Si fermano
e se ne vanno.

Passeggiano
e scappano.

Ritornano
e si nascondono.

Perdurano
e finiscono...
lungo il sentiero di vita!

Significativi, belli,
effimeri, strani,
impossibili, stupidi,
geniali, sgradevoli,
piccoli, mostruosi...

Tutti...
lasciano la loro traccia!

Tutti...
Grandi amori!

Gli amori lungo il "sentiero di vita". Percorso e tipi. In tutti..l'essenzialità: "Grandi amori!"

Voglia di pace

Ho chiuso per un attimo,
i miei occhi
stringendomi
in dolce silenzio.

La bella sensazione
in me non tace,
mi parla la serena
e profonda pace.

Il quotidiano mondo,
più non riconosco,
un mondo speciale
invece mi appare,
dove a regnare
è solo l'amore
ed esistono uomini ...
di un solo colore.

Un raggio di luce,
intorno risplende
e un girotondo
esce d'incanto...
dove la mano
si dan tutti quanti.

È gioia,
bellezza infinita!

Estasiata mi sento
di tanto splendore!

Riapro i miei occhi
e il bel mondo ...
svanisce.

Ma c'è, è lì,
quando voglia di pace...
mi lambisce.

Soddisfare la "voglia di pace"..., chiudendo gli occhi...
Nel silenzio... Dolci sensazioni...Lasciarsi accarezzare...

Coloro la vita

Il desiderio di colorare
di tanto in tanto,
in me s'affaccia,
mi prende, mi stuzzica,
mi invita...

D'un tratto,
nella mia testa
un'arte nuova svolazza...
e con i pastelli dell'amore
il dipinto più bello:
la mia vita, coloro.

Tolgo il nero
della negatività,
il grigio delle paure
e rovescio su di essi
un fusto di rosso,
per darmi l'energia vitale.

Un barile di verde,
nella speranza
di esser perseverante.

Un oceano di giallo
per riprendere
l'armonia e l'equilibrio,
un cielo di bianco
per darmi luminosità,

un fiume di azzurro
per comunicare e creare,
una montagna di arancione
per cogliere
l'armonia interiore.

E appena il quadro
ho finito...
nella cornice del mio cuore
sarà... custodito.

Nei versi, la gioia di colorare il quadro della vita, con i pastelli dell'amore...

Arcobaleno

Il temporale
era passato
e qualche goccia
lentamente scendeva
giù dal cielo.

Incuriosita,
guardavo lassù
la striscia di luce
di tanti colori.

Cominciai a seguirla
per afferrare
il colorato nastro
che si divertiva
a regalarmi
semplici emozioni!

La pioggia col sole
si erano incontrati
e formato avevano
l 'Arcobaleno.

Bellissimo!
Era tornato…
il Sereno.

L'Arcobaleno e i suoi colori…I versi raccontano l'emozione e il gioco del momento.

Incontro

Ho incontrato
la vita…
sono stata felice!

Ho incontrato
gli affetti
qualcuno
è già lontano,
qualche altro
è ritornato!

Ho incontrato
il sapere,
la fede
e i tesori,
che mantengo
stretti !

Ho incontrato
il dolore
che non cambia colore!

Chissà,
quali altri incontri
ancora per me!

L'incontro con le cose belle e brutte di vita… L'inconoscibile!

Il fiore

Il fiore è gioia,
bellezza, profumo
risveglio dei sensi,
emozione.

Il fiore è ...
come la tristezza
per l'effimera sua durata!

Appassisce...
muore!

Il fiore è ...speciale
quando non marcisce,
non muore mai!

Fiorisce con l'amore
la tenerezza
e il rispetto!

Abbine cura,
é dentro di te...
Coltivalo!

La bellezza del fiore speciale che è dentro di noi ...Non appassisce e non muore mai

Il mare

Stupendo d'estate
tu mi appari!
E ti diverti
a effondermi emozioni.

Ti incontro,
voglia di aprirmi,
di tuffarmi nell'acqua

di giocare,
rincorrerti,
guardarti,
abbracciarti
sentirti vicino!

La tua tranquilla
e limpida acqua,
dolcemente
mi accarezza.

Sapessi la serenità
che io sento!

Mi porti sugli scogli,
mi rivolti,
mi accompagni

sulla riva...
e lì, si ferma
il mio sguardo.

Viaggiano
i miei pensieri...

lontano...lontano!

Altri orizzonti...
son sorti.

Colloquio con il mare. Nella poesia, sensazioni, gioco, profondità, orizzonti nuovi ...

Freddo

Un freddo gelido,
intenso, parlante,
penetrante
oggi, mi attraversa,
mi copro a più non posso.

Non serve!

Forse, penso…
il freddo
ha trovato rifugio
nel mio cuore.

Il sole di primavera
mi torna alla mente,
ad uno ad uno
i suoi caldi raggi .

Coraggio li sento!
E…non ho più freddo.

Nei versi …una giornata di intenso freddo, nel ricordo dei raggi caldi. Il coraggio…di non sentire più freddo.

Gelosia

Cosa sei gelosia?
strana emozione,
bizzarro sentimento,
mistero dell'animo umano!
Qualunque cosa tu sia,
mostra il tuo volto,
non ti nascondere.
Io son qui,silenziosa
e vogliosa ad ascoltarti.

Sospetto, diffidenza,
timore, tormento,
invidia, risentimento.

Sono solo parole
da vocabolario...
fanno star male,
l'ansia, l'angoscia,
l'incertezza danno.

Cambia il tuo cuore,
inserisci ...un sensato cervello,
gli occhi pennella di luce e d'amore
e bello sarà il dentro e il fuori!

Versi aperti sinceri sulla "Gelosia" che distrugge l'uomo.
Usare la testa e il cuore per stare bene dentro e fuori!

Speranza

Nascosta
nel mio cuore,
sei lo zuccherino
che addolcisce
i miei affanni,
i miei tormenti,
la mia oscurità
di desideri.

Speranza…
mi rinnovi,
mi dai la forza,
fiducia,
rendi dolci
le mie dolorose attese.

Sento che…
prima o poi,
anche un sol sogno…
tu mi regalerai.

Non si vive senza speranza … anche uno solo dei sogni di vita, prima o poi sarà realizzato!

Speranza (acrostico)

Sorridi alla vita quando ti fa
Piangere.
Ebbrezza, dal tuo cuor,
Riprendi
Amica cara e
Non
Zoppicar.
A gamba lesta vai!

Corri...speranza...Non zoppicare...Vai!

La notte

Non si odono i rumori,
o il vociare di gente,
o lo scorrere di ore,
che mi inseguono
di fretta.

E' notte!

La dolce melodia
che canta la terra,
mi chiama a ricrear
il corpo e la mente.

Mi perdo
nell'immenso suo fascino,
il silenzio attorno!

Mi frullano dentro,
sensazioni e desideri
e una grande esigenza
di nutrir l'anima mia!

E scrivo, penso, sogno
ad occhi aperti,
nella notte,
che mi vuole desta.

Scorrono le ore,
dolcemente.
E poi...
quando ho finito,
forse...mi addormento.

La magia della notte ... per ricrear il corpo e la mente.

Amica della notte
(Luna piena)

Ti cerco
nel cielo stellato
in profumata
notte d'estate!

Ti diverti a giocar,
danzando
armoniosa e lieve,
con soffici nuvolette.

All'improvviso,
ti accorgi di me.
Mi guardi e sorridi.

Mi emoziona
sentirti vicina
che mi parli
in dolce silenzio.

A te, amica della notte,
affido i miei pensieri,
i miei sogni,
la terra, mentre scorre...
il tempo.

Bella, tonda
dall'argenteo bagliore,
rischiari la magica,
mia notte.

Rimango affascinata
nel vederti!

Momento d'incontro con l'Amica della notte (Luna piena), in una stupenda serata d'estate. Tenera emozione, gioia e speranza per il futuro.

Infinito

È guardarsi attorno

La gioia di un sorriso

Un fiore che sboccia

L'Amore

L' Onestà

La Giustizia

La Verità

È tutto ciò
che hai dentro,
vedi, senti .

E nel tutto…
il dolce sapore dell'Infinito!

Nelle piccole e grandi cose…c'è l'Infinito!

Sguardo

Intenso, profondo
il tuo sguardo,
come intima,
immediata l'emozione
che di te mi ha parlato.

I tuoi azzurri occhi,
dentro i miei,
raggianti e sperduti
si sono incontrati!

La tua vita,
la tua storia
i tuoi silenzi
il tuo tenero abbraccio
l'amore ho fotografato!

Non solo...

Ti ho amato!

Lo sguardo, profondità. Nei versi la bellezza dell'incontro con l'altro. L'amore!

Vorrei essere...

Vorrei essere... un uccello!
Per volare nel mondo
e il seme di pace
portare alle genti.

Vorrei essere ...una stella!
Per far brillare i firmamenti,
e il calore
portare alla terra.

Vorrei essere ... una montagna!
Per aiutare i fratelli
nelle dolorose salite...
di vita!

Vorrei essere ... un mare!
Di pesci abbondarti,
spiagge di carezze donarti
e farti sognare...

Vorrei essere...chi ?
Non so!
So che un mondo d'amore...
Costruirei!

Nei versi ...il desiderio di essere "uccello, stella, montagna e mare"...per costruire un mondo d'amore.

Tempo

Piccola manciata …
di polvere al vento!

Ammucchiata …
di ore alla pioggia.

Gocce …
di istanti al sole!

La percezione soggettiva del tempo nella dimensione fugace del trascorrere degli eventi.

Essenzialità

Se vuoi
dar senso alla vita
credi in te ...
e nelle buone cose
che ci sono ... in te!

Fiducia in se stessi per dare senso alla vita , rinnovandola assieme agli eventi per mantenerla sempre attiva.

NOTE BIOGRAFICHE

Santina Folisi è nata l' 1/11/1957 a Caronia (prov. ME) dove vive e lavora nell'amministrazione comunale. Oltre la quotidiana attività presso l'Ente, è anche giornalista pubblicista, scrittrice e poetessa. Laureata in Scienze della Comunicazione Multimediale; in Giornalismo e Radiofonia e in Scuola di Alta Formazione Giornalismo e Comunicazione-Indirizzo Editoria Elettronica, collabora con diverse testate giornalistiche: *Gazzetta del Sud, Nuovitalia, FilodirettoNews "Nella Luce"* di Santa Maria Bertilla di Vicenza, pubblicando un consistente numero di articoli, per i quali ha ricevuto numerosi attestati di merito. Ama l'Arte, e in particolare per la poesia ha conseguito accreditati riconoscimenti e premi, tra cui i più recenti: il Premio di poesia contemporanea "Giubileo della Misericordia" del Museo Diocesano di Piazza Armerina e quello di merito della "Poesia da contatto" XXVII edizione, a Messina. Inoltre ha avuto precedenti e significative esperienze lavorative in ambito scolastico, comunale e associativo. Appassionata di scrittura, osa dire, di amore, di semplicità, di umanità, di pazienza, di bellezza, di cultura del fare, di fede, di pace, suoi imprescindibili valori che mantiene vivi nel tempo che scorre.
Sollecitata da sentimenti affettivi e sinceri verso il suo Paese, di cui si compiace di ammirarlo nell'aspetto più "Bello", cerca spesso di comprendere la sua veste umanamente più vera e significativa. Immersa nelle "voci" che esso effonde, nei "sapori" che la splendida terra Le offre e spinta dal desiderio di conoscere altri luoghi e altra gente, ha deciso di pubblicare la sua prima raccolta di Poesie , *"Sognare ... a Caronia"* che racchiude nei vari generi di componimento il suo mondo personale, sociale, religioso, locale sia in lingua che in dialetto caronese.
mail-santafolisi@tiscali.it

INDICE

Prefazione	*pag.*	*5*
Presentazione	"	*6*
Il mondo espressivo: Testimonianze critiche di ...	"	*8*
Dedica	"	*13*

Caronia	pag.	14
Poesia	"	16
Il Castello	"	17
Addio Scuola	"	18
Elogio all'olivo	"	19
Venditori ambulanti	"	20
Lo scuolabus infuriato	"	22
I Nebrodi	"	23
Preghiera dei migranti	"	24
Preghiera	"	26
Il Palloncino	"	27
A Papa Francesco	"	28
La Via della Misericordia	"	30
Per non…Dimenticare	"	31
L'Amore Speciale	"	33
Il Giuramento dei Soldati	"	35
Piange Parigi	"	36
Il Piccolo mostro (cellulare)	"	37
La partita di pallone	"	38
Le donne come me	"	39
Andar … controcorrente	"	40
Politica vera	"	41
E…ci sei	"	42
A Te	"	43

A mio padre	"	44
Dignità	"	45
Vecchio Uomo	"	46
Gioventù	"	47
Chiacchierata con la pioggia	"	48
Quando è amore	"	49
Ingratitudine e rispetto	"	50
L'amicizia	"	51
Solitudine	"	52
Pensieri	"	53
Sognare	"	54
Gli amori	"	55
Voglia di pace	"	56
Coloro la vita	"	57
Arcobaleno	"	58
Incontro	"	59
Il fiore	"	60
Il mare	"	61
Freddo	"	62
Gelosia	"	63
Speranza	"	64
Speranza(acrostico)	"	65
La notte	"	66
Amica della notte	"	67
Infinito	"	68
Sguardo	"	69
Vorrei Essere	"	70
Tempo	"	71
Essenzialità	"	72
Note biografiche	"	73
Indice	"	74

www.ingramcontent.com/pod-product-compliance
Lightning Source LLC
Chambersburg PA
CBHW020020050426
42450CB00005B/563